001

002

1

004

003

005

2

006

007

008

3

010

009

009

012

011

011

014

013

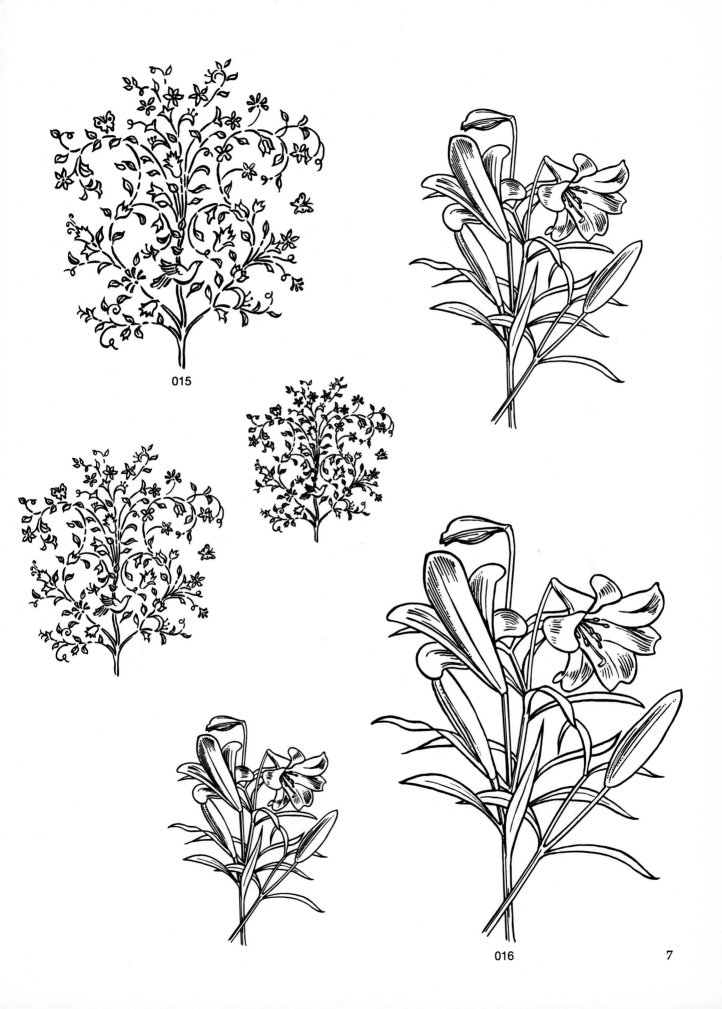

015

017

019 019

018 018

020

022 022

021 021

023

024

025

026

027

028

030

031

12 029 029

032

033

034

035

034

13

036

037

039

038

15

041 041

16 040 042 042 040

043 043

045 045

044 044 17

046

047

18

048

049

050

051

053

052

054

055

056

057

058

059

060

061

22

062

063

064

066

065

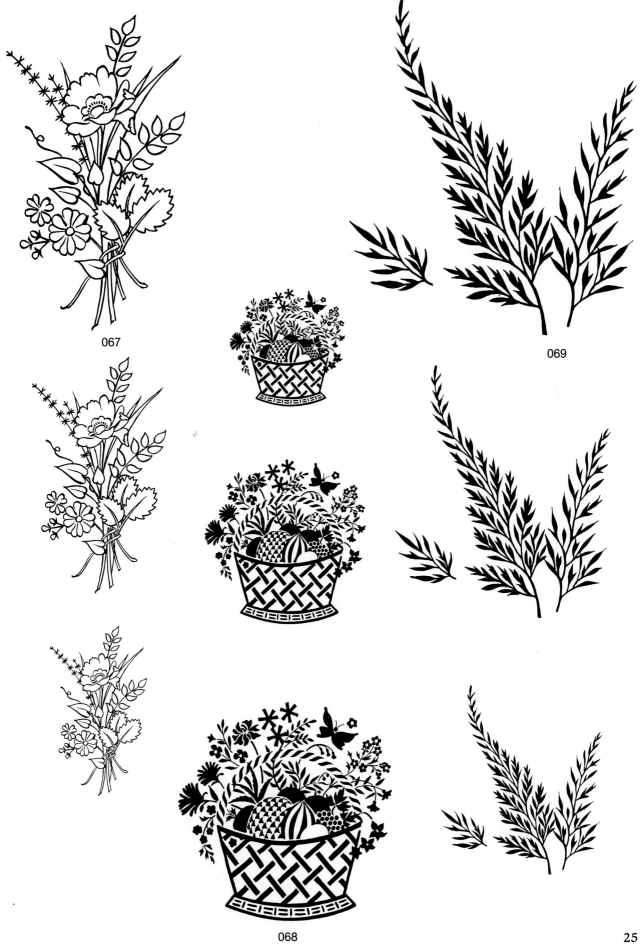

067

069

068

25

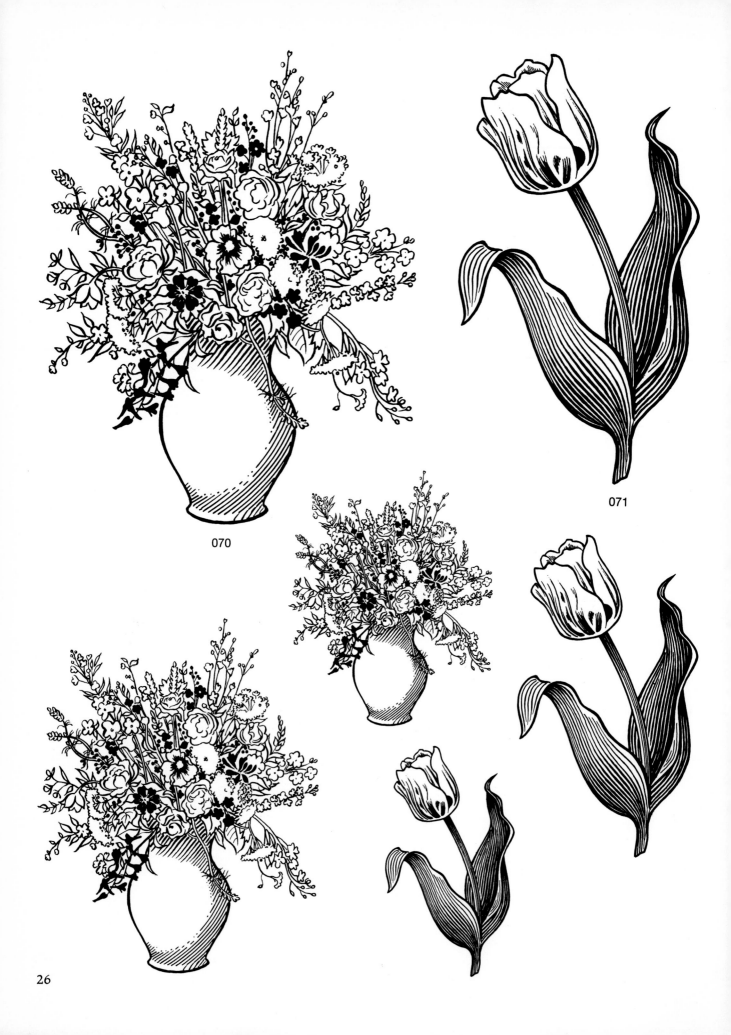

070

071

072

073

074

075

28

076

077

078

079

081

080

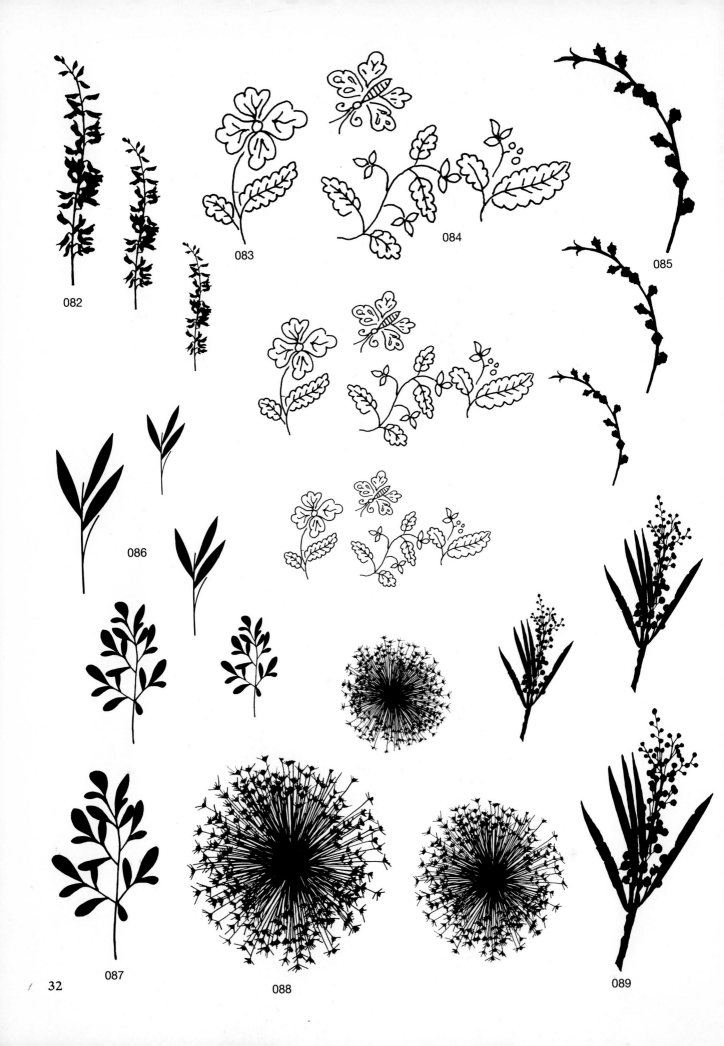

082

083

084

085

086

087

088

089